시인 김소엽

Kim-Soyeop

꽃이 피기 위해서는

김소엽 시집

꽃이 피기 위해서는

시학
Poetics

■ 책을 펴내면서

 2008년 『사막에서 길을 찾네』에 미처 넣지 못한 시들과 대부분은 그 이후 쓴 시들을 묶었다.
 마침 시학사 서정시 시리즈에 함께 엮을 수 있게 되어 기쁘게 생각한다.

 특히 이번 시집에서는 오래 전부터 써왔던 「바람의 노래」 연작시를 제2부에 싣게 되었다. 개인적으로는 이 연작시에 애착을 가지고 10여 년 쓴 작품들이다. 전체를 창세기적 배경을 깔고 구성해 본 작품들이다. 제1부와 제4부에는 대체로 그동안 발표된 작품들과 지난번 시집에 넣지 못한 시들로 구성이 되었다.
 또한 제3부에서는 새로운 시도를 모색해 보았다.
 그동안 단시 혹은 3행시의 개념으로 짧은 시들이 더러 나오기도 했지만 지금 여기에 쓴 나의 시들은 거기에도 미치지 못하는 시의 소품이라고 할 수 있는 형태로, 한 가지 사물이나 이미지 등에 관한 에센스를 뽑아 올린 것들에 지나지 않는다. 말하자면 시적 스케치에 불과한 것들이다. 이러한 시적 스케치가 복잡한 현대인들에게 섬광처럼 지나는 한 줄기 신선한 빛이 되었으면 하는 바람으로 시도해 본 것들이다.

 그리고 금년은 특별한 해로써, 나의 고희를 기념하는 간행위원회가 조직되어 기념문집과 나의 졸시를 호사스런 옷을 입혀 활판인쇄로 나오는 100편 시선집과 나의 시를 여러 각도로 조명하여 애정을 가지고 논평 평설 학위논문으로 연구해 준 귀한 글들을 모은 논총집과 함께 이 시집이 가을에 출간이 되어 개인적으로 너무나 풍성한 가을이기도 하다.

또한 무엇보다 금년은 그동안 길고 험난한 유학시절을 마치고 나의 하나 뿐인 딸 양서윤이 미시간대학에서 박사학위를 받고 그 학교 연구교수가 되었고 사위도 앤아버시로 와서 병원을 개업하게 되어 정말 감사하다. 무엇보다 나의 첫 손녀 신록ShinLoc 이 가을에 출생되어 이 시집을 나의 손녀 딸 록에게 기쁨으로 선물하고 싶다.

그러나 내가 '꽃이 피기 위해서는'에서 썼듯이 이 모든 기쁨과 영광은 나를 사랑으로 보듬어 준 나의 귀한 이웃들과 하나님의 은혜라고 생각하며 이 모든 영광을 하나님께 돌려 드리고자 한다.

끝으로 내 시집 평설을 써 주신 유승우 교수님과 책을 펴내 주신 시와시학사 김재홍 교수님과 폭염 중에 편집과 교정교열을 맡아 수고해 주신 여러분께 깊은 감사를 드린다.

2012년 8월 미국 미시간 딸네 집에서
김소엽(작은잎새) 사룀

나의 첫 손녀 신록에게

유난히 햇살이 고운
청명한 가을 주일 아침에
하나님께서는 너를
할머니와 만나게 하셨다
창세전에 이미 만남을 예비하신
하나님의 가장 값진 선물
신이 내려 주신 최고의 걸작품
꼬마 요정이 하늘로부터
지상으로 내려온 날

너는 나의 생명을 이어 주는
또 다른 생명
유일한 혈육 나의 분신
외동딸이 또 딸을 낳아
시들어 가는 생명에
다시 움트는 생명을 주셨으니
설레는 마음으로 너를 만난
나의 이 감격과 기쁨
무지갯빛 찬란한 행복

건강한 출산에 감사 또 감사

시냇가에 심기 운 나무처럼
시절을 따라 무럭무럭 건강하게 자라
수천수만의 푸른 잎새 거느린
제발 신록新綠이 되어라
새들도 품어 기르는 큰 품이 되어
나그네도 쉬어가는 그늘이 되어
메마른 땅에 신선한 산소를 주는
신록이 되어, 이 세상을
밝고 따뜻하고
풍요롭고 아름답게 하라

2012년 10월
할머니가 신록에게

차 례

- 책을 펴내면서
- 작품해설 | 유승우

제1부 그대는 나의 가장 소중한 별

꽃이 피기 위해서는	17
봄의 탄생	19
지금 바로 하십시오	20
담쟁이처럼	22
순교	24
수혈	26
풀꽃 한 송이	27
아름다운 울 엄니	28
인생의 찬가	30
털목도리를 짜며	32
화석을 보며	34
내 마음은 전쟁터	37
피에로	36
진정 무서운 것은	37
즐거운 놀이터	38
휴대폰을 충전하며	40
어머니를 그리며	42
그대는 나의 가장 소중한 별	44

제2부 바람의 노래

바람의 노래 · 1 — 바람의 탄생　49
바람의 노래 · 2 — 바람의 부모　50
바람의 노래 · 3 — 속울음 우는 바람　51
바람의 노래 · 4 — 고독한 바람　52
바람의 노래 · 5 — 바람의 목숨　53
바람의 노래 · 6 — 착한 바람　54
바람의 노래 · 7 — 쉼 없는 바람　55
바람의 노래 · 8 — 성난 바람　56
바람의 노래 · 9 — 보이지 않으나 존재하는 바람　58
바람의 노래 · 10 — 생명의 바람　59
바람의 노래 · 11 — 바람은 누워서 운다　60
눈 오는 날 · 1　62
눈 오는 날 · 2　63
눈 오는 날 · 3　65
눈 오는 날 · 4　66
눈 오는 날 · 5　67
눈 오는 날 · 6　68

제3부 삶은 즐거운 놀이터
— 잠시 휴식을 위한 시적 스케치

삶	73	모래	84
맨드라미꽃	74	바람	85
오늘	75	노을	86
바다	76	눈빛	87
하늘	77	친구	88
잠	78	형제	89
사랑	79	아버지	90
인생	80	어머니	91
풀꽃	81	딸	92
산	82	남편	93
바위	83	아내	94

제4부 향기를 위하여

그대를 그리워하며　97
옹이　98
열매를 위하여　100
삶의 터널　102
나를 품어 기르는 산　104
아버지를 그리며　106
백두산의 겨울나무　108
겨울 들녘　110
강나루　112
모래 한 알　114
고백　115
추석 명절에·1-홍시와 어머니　116
추석 명절에·2-알밤과 아버지　118
하루를 끝내고　120
바다에 뜬 별　122
오늘을 위한 기도　124
물처럼 그렇게 살 수는 없을까　126
향기香氣를 위하여　129

제1부

그대는 나의 가장 소중한 별

꽃이 피기 위해서는

꽃이 그냥 스스로 피어난 것은 아닙니다
꽃이 피기 위해서는
햇빛과 물과 공기가 있어야 하듯이

꽃이 저 홀로 아름다운 것은 아닙니다
꽃이 아름답기 위해서는
벌과 나비가 있어야 하듯이

꽃의 향기가 저절로 멀리까지 퍼진 것은 아닙니다
꽃의 향기를 전하기 위해서는
바람이 있어야 하듯이

나 혼자 힘으로 여기까지 온 것은 아닙니다
기도로 길을 내어주고
눈물로 길을 닦아 준 귀한 분들 은덕입니다

내가 잘나서 내가 된 것은 더더욱 아닙니다

벼랑 끝에서 나를 붙잡아 주고 바른 길로 인도해 주신

보이지 않는 그분의 섭리와 은혜가 있은 까닭입니다

〈2012. 5〉

봄의 탄생

봄을 잉태한 3월의 몸은
만삭이다
출산을 앞두고
설레는 마음으로
봄의 탄생을 기다리고 있다

우주 만물 축복의 노래를 부르며
아름다운 탄생을 기다리고 있다
양수가 가득 나뭇가지마다 오르고
꽃은 가지 속에서 세상에 나올 날을 기다리며
따뜻한 햇살의 애무를 빨아들이고 있다

새들이 가지마다 날아다니며 노래하고
대지는 거대한 몸을 흔들고 있다
아름다운 꽃이 그냥 탄생되는 것은 아니다
이제 많은 수고와 기도와 찬양의 함성이
조화롭게 코러스로 울려 퍼질 때
아름다운 꽃은 비로소 태어날 것이다

〈2008. 봄〉

지금 바로 하십시오

할 말이 있으면 뒤로 미루지 말고
지금 바로 하십시오
그것은 당신의 용기입니다
내일이면 그 사람이 등을 돌리고 갈 수도 있습니다

할 일이 있으면 뒤로 미루지 말고
지금 바로 하십시오
그것은 당신의 결단입니다
내일이면 당신이 기회를 잃을지 모릅니다

사랑의 말을 전할 사람 있으면
지금 바로 화안한 미소로 그 말을 전하세요
내일로 미루면
영원히 그 사랑을 놓칠지도 모릅니다

잘못했다는 말 하고 싶으면
지금 바로 하십시오
내일로 미루면

소중한 그 사람이 떠날지도 모릅니다

우리는 지금 바로 이 순간을
소중히 여기면서
그리고 이웃을 귀중하게 생각하며
현재를 아낌없이 살아야 합니다
후회 없는 삶을 살아야 합니다

내가 천하보다 소중하고
당신이 나만큼 귀중하고
우리에게 살아갈 날이 얼마 남지 않았고
매 순간순간이 참으로 아깝기 때문입니다

〈2000. 겨울〉

담쟁이처럼

삶의 벽이 가로놓였을 때
담쟁이는 위로 향해 기도한다
아찔한 절벽의 틈새에 뿌리 내리고
벽을 넘어야겠다는 푸른 의지 하나만으로
빈손 활짝 펼쳐
있는 힘 다해 벽을 오른다

그러나 혼자 두 주먹 움켜쥐고서는
벽을 오를 수 없다는 걸
담쟁이는 안다

절망의 벽에서
담쟁이는 그 절망을 가는 줄기에 담아
혈관의 피로 보내고
오늘도 생명을 강인하게 이어 간다

그리고 담쟁이는
절벽에서 떨어질 것 같은

그 위기의 순간에
아래를 내려다본다
저만치 발아래 벽을 기어오르는
수만의 여린 잎 잎, 잎의 무리들……

절망의 벽을 기어오르는 것은
결코 혼자가 아니라는 위안으로
푸른 손을 활짝 펼쳐
담쟁이는 이웃과 더불어
손에 손을 잡고서
마침내
벽을 넘는다

〈2000. 가을〉

순교

I

한 달가량 여행 후
현관문을 열고 들어서니
나의 작은 정원에서는
숭고한 순교가 일어나고 있었다
동료들을 살리기 위해
기꺼이 죽음을 택한 이파리들
마지막 수분 한 방울까지 꼭꼭 짜서
그들의 갈증을 풀어 주고는
자신은 뻣뻣한 시체가 되어 길게 누워 있는
성스런 순교자들……
그들을 하나씩 거둬 땅에 묻고
급히 물을 주면서
식물만도 못한 내 모습이
너무나도 부끄러워
서둘러 신발을 벗었다

II

이튿날 가만히 살펴보니
순교는 하나씩 차례로 일어난 것이었다
하나의 희생으로
온 가족이 그 생명을 고루 나누어 살고
그래도 부족하면은
그다음 이파리가 스스로 목숨을 바쳐
나머지 이파리들을 살리는 것이다
예수 그리스도마냥
십자가 사건이 자연스레 일어나고 있었다
내 작은 정원 안에서는

〈2009. 겨울〉

수혈

당신의 보혈로
죽어 가는 나를
수혈할 수 있다면……

내 죄악의 피
당신 보혈로
신장투석 해서
나의 전신을
당신으로 채울 수 있다면……

내가 죽고
당신이 내 안에 살아
그 붉은 보혈의 피로
향기로운 꽃으로 다시 태어날 수 있다면……

〈2009. 겨울〉

풀꽃 한 송이

너는 어디에서 온 생명이기에
이토록 강인하게 살고 있느냐
이 땅 그 많은 곳 다 놓아두고
하필이면
두터운 아스팔트 갈라진 틈새로
생명을 피워 올렸느냐

모진 목숨
그 속에서도 생명을 밀어 올려
꽃을 피워 한세상 살고 있는
귀중한 생명
풀꽃 한 송이

〈2009. 봄〉

아름다운 울 엄니

엄니~~~~~
이렇게 불러만 보아도
가슴이 울컥 메여 오고
코끝이 찡해 오는
꿈에도 잊지 못할
그립고 보고 싶은 아름다운 울 엄니

천지사방 불러 보아도
어머니가 없는 세상은
팍팍한 사막 같아라
선인장 가시에 찔려
선홍의 피가 흐른다 해도
누가 진정 나를 아파하랴

이 세상에서 유일하게
나를 아파해 주신 어머니
잃어버린 후에서야
목메어 불러 보는

그 이름, 어머니

내가 무슨 짓을 해도
이미 다 용서해 주시고
언제나 내 편이 되어 주셨던
당신은
내 안에 영원한 등불

광야 같은 인생길
지치고 외롭고 슬플 때
지금도 별로 떠서
나의 갈 길 인도해 주시는
당신은
나의 가장 소중한
빛나는 별

〈1996. 5〉

인생의 찬가

지혜 있는 자는 인생의 풍랑을 만났을 때
정면으로 파도를 맞지 않느니
설령 평생 걸려 만든 배가 파산되었어도
신에게 도전하여 항변하기보다는
파도가 남긴 말을 들으려고 애쓰느니
모래 한 알 한 알이 시간의 파편이요
선현들이 남기어 놓은 침묵의 언어이리니
멀찍이 앉아서 새겨들으면 풍랑의 말도 뜻이 있거늘
바람이 분다고 서러워 마라
꽃이 진다고 슬퍼하지 마라
파산되었다고 절망하지 마라
풍랑이 이는 것은 바다를 청소하기 위함이요
바람이 부는 것은 꽃씨를 퍼뜨리기 위함이요
비가 내리는 것은 땅 위의 모든 더러움을 씻기 위한
하늘의 방법이라면 무엇을 걱정하리요

인생의 풍랑에도 반드시 선한 뜻이 숨어 있으리니
생의 중반에나 혹은 노년에 이르러
무서운 폭풍을 만난다 해도

하나님의 선하심을 끝까지 믿고 기다려 보노라면
파도가 나에게 이르는 말
그 침묵의 언어를 깨닫게 될 날 있으리니
고난이 축복이 되는 인생을 음미하고 살다 보면
삶의 기쁨과 보람도 있으리니
옛사람들이 그렇게도 살기를 열망하던 미래를 사는 우리는
감격과 설렘으로 성스럽게 오늘 하루를 맞아
선물로 받은 오늘을 감사로 받아 최선을 살자
형제여! 우리 모두 머지않아 흙으로 돌아갈지니
나에게 맡겨 주신 청지기의 직분 성실히 마치고
그분 품안에 평안히 안길 때까지
이 넓고 넓은 세상에 우리가 인간으로 태어나서
기나긴 시간의 영원 속에서
바로 이 순간 이 자리에 너와 내가
오늘 이렇게 살아 있음을
감사하며 기쁨으로 노래하자
나의 형제여!

〈1990. 여름〉

털목도리를 짜며

I

사랑하는 사람에게 줄
털목도리를 짠다
겨울바람 목에 감겨
겨우내 잔기침에 시달렸던
그대의 목을 감싸 줄 사랑을 짠다

한 코 한 코 사랑을 뜨는 것은
한 올 한 올 시간을 짜는 것
결국 사랑한다는 것은
그대와 함께 시간을 짜는 것이다

평생을 짜 내려온 목도리를
마무리하려는데
앞쪽에서 빠진 코 하나
이제라도 풀어 다시 짤 것인가 아니면
흠이 남아도 빠진 코를 집어 꿰어 맬 것인가

아뿔싸, 그러나 시간이 없구나
빠진 코가 나에게 이르는 세미한 음성
너무 완벽하게 살려고 하지 마오
코가 빠지고 넘어지고 보기 흉한 그 모습
그대로가 인생인 것을……

빠진 코도 소중하게
그 모두를 함께할
한 사람 가질 수 있다면
그것이 행복인 것을……

II

빠진 코 가장자리로 난 구멍 사이로
바람이 무작정 스며들어 울며 떨었던 밤
이제는 그 차디찬 칼바람마저도
빗살무늬로 아롱져
사랑으로 보듬고 싶구나

〈2009. 겨울〉

화석을 보며

로키산맥
칠천 피트 높이
물고기 화석

온 세상 물로 뒤덮였을
그 역사의 뒤안길에서
노아의 방주 같은
어머니의 자궁 속에서
너는 또
몇억만 년의 준비로 태어난 존재인가

바다가 하늘이 되고
하늘이 바다가 되고
땅이 되어
산소와 영양분을 공급했던
멀고 먼 역사의 탯줄을 달고
지금도 숨 쉬고 있는
너 화석이여!

〈2010. 봄〉

내 마음은 전쟁터

중동이란 지역만이
전쟁터가 아니다

민주화 시민 항쟁으로 얼룩진 이집트만이
전쟁터가 아니다

내 마음속에서
시시각각 일고 있는
불꽃 튀는 전쟁
신과 악마와의 격전

내 마음은 오늘도
치열한 전쟁터

나는 용감한 상이용사가 되어
용케도 오늘까지 살아왔구나

〈2010. 봄〉

피에로

어린 시절에는
장난감 때문에 울었다

장성해서는
사랑 때문에 울었다

나이 들어서는
마음이 아파서 울었다

육십이 넘고 나서는
마음이 아파도 눈물이 나지 않았다

얼마 전 눈 수술을 하고 나서는
마음이 울지도 않는데
절로 눈물이 주르륵주르륵 흘렀다

우리들은 마음이 슬프지 않아도 울고
마음이 기쁘지 않아도 웃고 있는
피에로가 아닌가

〈2010. 봄〉

진정 무서운 것은

혼들리는 것은 나뭇잎만이 아니다
온 나라가 흔들리고 있다
아니 전 세계가 흔들리고 있다

쉿, 가만
내가 조금씩 흔들리고 있다
그러나 내가 흔들리고 있는 것을
내가 모르고 있다

〈2010. 가을〉

즐거운 놀이터

고래는 덩치가 아무리 커도
죽어 있으면 물살에 밀려 떠내려가도
피라미는 아무리 작아도
살아 있으면 물살을 거슬러 올라가네

살아 있는 모든 것들
자기 존재감을 가지고
목적을 향해 달려가고 있는데

나는 오늘 무엇을 위해
어디로 향해 달려가고 있는가

················?
,,,,,,,,,,,,,,,,,??
"   " ! ! !

신이 내게 주신 한세상
이 즐거운 놀이터

즐겁고 신나게 놀다가

행복하게 주님 품에 안기리라

〈2010. 가을〉

휴대폰을 충전하며

처음에는 한 3일 쓰던 배터리가
날이 갈수록 짧아져서
밤새 충전을 해도
겨우 하루를 지탱하기 힘든
내 휴대폰

누군가는 휴대폰 덕에
삼풍백화점 무너졌을 때
그 지하 삼층 칠흑 같은 어둠에서
살아나기도 하고
어린이가 유괴되어
죽을 목숨이었다가
휴대폰 때문에 위치가 밝혀져서
목숨 건지기도 하는
경이로운 이 시대의 유물

더더욱 경이로워야 할
사람의 목숨이건만
배터리가 날아간 휴대폰처럼

귀중한 목숨들이 쓸모없이 버려지는구나

그렇구나, 나도 이 밤에는
남모르게 충전을 해야지
나는 그분께 코드를 맞추고
스위치를 돌려
서서히 뜨거워지는
내 몸 안의 불길을 느낄 수 있네

휴대폰조차도 매일 충전을 해야
쓸 수 있듯이
나도 매일 나를 충전하는 일에
게으르지 말아야지
하루의 일용할 양식을 구하지 않고서
어찌 단잠을 자랴
내일 쓸 에너지를 준비하지 않고서
어찌 오늘 밤 평안을 구하랴

〈2003. 봄〉

어머니를 그리며

어느 날, 내가 입은 옷소매 밖으로
어머니 손이 나와 있었다
깜짝 놀라 다시 쳐다보니
외할머니 손 같기도 한 쭈글쭈글한 손이
내 소매 끝에 매달려 있었다

어머니 외할머니 모두
떠나신지 반백 년도 넘었지만
어머니 외할머니 손이
내 소매 끝에 살고 있었음을
나는 몰랐다

어느 날부터인가
거울 속에 비친 내 모습 속에는
나 대신 어머니가 거기 계셨고
설핏 외할머니도 거기 계셨다
혹여, 잘못 본 것은 아닐까
다시 들여다보았지만

영락없는 어머니 외할머니까지

거울 속에 살고 계셨다

세월은 거울 속으로 빠르게 지나가고 있었다

〈2004. 여름〉

그대는 나의 가장 소중한 별

우리네 인생길이
팍팍한 사막 같아도
그 광야 길 위에도 찬란한 별은 뜨나니
그대여,
인생이 고달프다고 말하지 마라

잎새가 가시가 되기까지
온몸을 오그려 수분을 보존하여
생존하고 있는 저 사막의 가시나무처럼
삶이 아무리 구겨지고 인생이 기구할지라도
삶은 위대하고 인생은 경이로운 것이어니
그대여,
삶이 비참하다고도 말하지 마라

내가 외롭고 아프고 슬플 때
그대의 따뜻한 눈빛 한 올이 별이 되고
그대의 다정한 미소 한 자락이 꽃이 되고
그대의 부드러운 말 한 마디가 이슬 되어

내 인생길을 적셔 주고 가꾸어 준
그대여

이제 마지막 종착역도 얼마 남지 않았거니
서럽고 아프고 쓰라린 기억일랑
다 저 모래바람에 날려 보내고
아름답고 즐겁고 행복했던 기억만을
찬란한 별로 띄우자

그대가 나의 소중한 별이 되어 준 것처럼
나도 그대의 소중한 별이 되어 주마

이 세상 어딘가에 그대가 살아 있어
나와 함께 이 땅에서 호흡하고 있는
그대의 존재 자체만으로도
나는 고맙고 행복하나니
그대는 나의 가장 소중한 별
그대는 나의 가장 빛나는 별

〈2009. 겨울〉

제2부

바람의 노래

바람의 노래 · 1
— 바람의 탄생

나는 늘 뜨거웠고
그는 한랭 기온이었지
그 사이에서 태어난 바람은
영원한 순례자가 되었다
너는 한곳에 머무를 수 없는
그래서 아무리 좋은 곳에서도
금방 떠나야 하는
아, 차라리 무소유의 소유를 즐기는
너는 유정한 마음까지도 갖지 않는
한량이거나 아니면 거세된 청춘이거나
그래서 너는 울음을 삼키며 사는 것이냐

〈2000. 겨울〉

바람의 노래 · 2
— 바람의 부모

바람은 본다
다른 온도에서 태어났다
불과 얼음을 부모로 둔 너는
형체가 없구나
그러나 공간에 갇히지 않는 너는
발 없이도 천 리를 순간에 가고 오며
너는 하늘을 맘껏 유영하며
슬픔을 풀어헤치는 것이냐
형체가 없어 도리어
이 땅에서 가장 자유함을 누리는 너는
하나님의 행복한 창조물

〈2000. 겨울〉

바람의 노래 · 3
— 속울음 우는 바람

바람 바람 바람 바람 바람

불어라 바람아 쏴아 쏴아 불어라 바람아

울음 삼킨 울음으로 우 우 우 우 우

우는 너를 나는 안다

오늘도 내 곁에 다가와

내 살갗을 부드럽게 스킨십 하고 지나가는

내 아들아, 나는 다 안다

네 기침 소리만 들어도

나는 네 속울음의 깊이를 안다

〈2001. 봄〉

바람의 노래 · 4
— 고독한 바람

바람은 고독하다
아무리 돌고 돌아도
말벗 하나 만나지 못하는 바람은
오늘도 하늘을 날 수밖에 없다
지구를 몇 바퀴나 돌았을까
목숨 다하기까지 순례의 길을 멈추지 않음은
아직도 꿈이 남았기 때문일까
아직도 고운 님 하나 갖지 못해서일까

〈2001. 여름〉

바람의 노래 · 5
— 바람의 목숨

사막을 지나고 있었다
팍팍한 사막을 지나며
모래바람을 일으켜
모래성도 쌓고
모래 주름도 잡으면서
목숨을 연명하고 있었다
밤이 되니
수천 개의 별들이 내려와 있었다
지상에서 만날 수 없는
아, 황홀한 영혼의 교감이여
바람은 그 교감으로
갈한 영혼을 축이며
생명을 연장해 나간다

〈2002. 가을〉

바람의 노래 · 6
— 착한 바람

너는 때로 화가 나면 돌풍을 일으켜
사람들을 놀라게도 하고
때로 지상에 뿌리박고 사는 것들을
날려 버리기도 하지만
너는 본시 착하디착한 마음을 가졌지
꽃 위에 살짝 앉아 아름다움만 감상하고
잎새를 사운거려 음악을 만들고
이내 어린 풀잎을 눕혀 쉬게도 하고
나그네 땀을 씻어 주기도 하는
너는 본래 착하디착한 아이
때묻지 않은 아이였지

〈2003. 봄〉

바람의 노래 · 7
— 쉼 없는 바람

나는 때로 네 등에 업혀
천 리를 다닌다
나그네 되어 끝나지 않는
억겁의 세월을 떠도는
잠시도 쉼이 없는
고달픈 삶이여!
처음과 나중이 있다는 것은
고마운 일이다
쉼이 있다는 것은
더더욱 고마운 일이다
긴— 잠, 안식이 있다는 것은
참으로 감사한 일이다
—하여 나는
사람이 태어나서 죽는다는 일에
이처럼 감동해 본 적이 없다
이처럼 감사해 본 일이 없다

〈2004. 겨울〉

바람의 노래 · 8
— 성난 바람

나는 좀처럼 화를 내지 않는다
내 존재를 부정하지 않는 한
나는 나를 드러내지 않는다
그러나 나를 부인하고
내게 도전하는 인간들에게
때로 경고를 보낸다
쓰나미를 일으키기도 하고
토네이도를 일으키기도 하고
땅속까지 바람을 일으켜
땅을 갈라 그 사이로 내가 지나가서
지진이 나게도 하고
일시에 세상을 싹 쓸어
날려 버리기도 한다
나의 위력이 얼마나 되는지
인간은 상상을 하지 못한다
그러나 나는 나의 힘 다 드러내지 않고
조금만 보여 주었을 뿐이다

그래도 깨닫지 못하면

그때는 마지막 심판

정말 성난 나의 위력을 보여 줄 것이다

〈2005. 겨울〉

바람의 노래 · 9
― 보이지 않으나 존재하는 바람

나는 길을 원치 않는다

내가 가는 길이

곧 길이요 생명이기 때문이다

나는 처음부터 있었고

나는 나로 존재된다

나는 보이지는 않으나

내가 있음을 사람들은 안다

내가 움직이지 않아도

내가 살아 있으므로

사람들은 들숨 날숨으로

생명을 이어 간다

사람들은 안다

그럼에도 불구하고 사람들은

나를 증명해 보여 달라고 한다

〈2006. 여름〉

바람의 노래 · 10
― 생명의 바람

나는 태초부터 스스로 있었고
내 기운이 에너지로 번졌다
내가 존재함으로
사람들은 호흡을 하고
내가 있음으로
이 세상 모든 것들이 존재하고
이름을 가진다
내가 지나는 길에
잎새들이 손 흔들어 인사하고
꽃들이 피어나고
열매가 익어 간다
나는 곧 생명이다

〈2008. 여름〉

바람의 노래 · 11
— 바람은 누워서 운다

바람은 수평으로
누워서 운다
바람은 쉬지 않고
떠나야 산다
만남을 하는 순간
떠나야 하는
바람의 운명

—하여 서 있지도 못하고
바람은 수평으로
누워서 운다
머물기를 원한다면
죽어야 하는
끝내는 목숨을 걸고
사랑하는
바람의 운명

만날 수 없어
떠나지 못하고
머물지 못하여
만날 수도 없어
서서 울지도 못하는
내 사랑아

한번 타 버릴 사랑이라면
차라리 바람이기를
바람 같은 사랑이기를

〈2012. 여름〉

눈 오는 날 · 1

너의 맘
고요하게 더 고요하게
나의 맘
평온하게 더 평온하게
온 세상
평안하게 더 평안하게

〈2008. 겨울〉

눈 오는 날 · 2

괜 · 찮 · 타 · 괜 · 찮 · 타 ·
ㅈ · ㅊ · ㅋ · ㅊ · ㅍ · ㅎ · ㅈ · ㅊ · ㅋ · ㅊ · ㅍ · ㅎ
모든 허물을 깨끗이 덮어 주마

흰 면사포 쓴 신부들이
하늘에서 무더기로 내려온다

하늘에서 불순물은 구름 거름망에 다 걸러 내어
희디흰 순백의 마음만 모아
사랑의 불꽃으로 태워
오늘은 황홀한 절정의 순간

그 허공으로부터 떨어져
더러는 눈물 되어
면사포가 젖기도 하지만

더러는 지난가을
열매가 거둔 빈자리

지난여름 꽃 진 자리
그 아픈 상처 위에도
어루만지듯 감싸 안는
보드라운 사랑의 손길 쌓이느니

괜·찮·타·괜·찮·타·
ㅈ·ㅊ·ㅋ·ㅊ·ㅍ·ㅎ·ㅈ·ㅊ·ㅋ·ㅊ·ㅍ·ㅎ
이제는 온 세상 평온하여라

〈2008. 겨울〉

눈 오는 날 · 3

너와 나의

시린 손

눈 속에 파묻자

화상 입을라

〈2008. 겨울〉

눈 오는 날 · 4

너와 나
알몸으로
눈 이불 덮어 볼까

다음 날
그대도 나도
그대로 녹아서
흔적도 자취도 없어져

하늘로 증발되어
면사포 쓰고
지상으로 춤추며 내려올까

〈2009. 겨울〉

눈 오는 날 · 5

다뉴브 강의 물결 타고
발레리나가
왈츠를 추며 내려온다
하늘에서 지상으로
베풀어지는
무도회의 향연

나는 하늘에서 내려오는
천사가 된다
눈 오는 날은
악마도 천사가 된다

〈2009. 겨울〉

눈 오는 날 · 6

눈이 내린다
평안해 평안해
우주만물 다 평안해

깨끗해 깨끗해
죄 많은 곳에도
아픈 자리에도
하얗게 하얗게 덮어 주는
하늘의 고운 손길

하늘에 계신 분이
잠시 눈을 감고
이 세상 모두를 평등하게
추한 것까지 감추어 모두를 아름답게

신부가 춤을 추며
하늘에서 내려온다
요한 슈트라우스 왈츠에 맞추어

공중에서 춤을 추는 신부들……
누구라도 붙잡고 축복해 주고 싶은
어질고 둥근 마음 되어
눈 내리는 날은
진한 커피 향에
우리 마음도 설탕처럼 녹는다

〈2009. 12〉

제3부
삶은 즐거운 놀이터
— 잠시 휴식을 위한 시적 스케치

삶

삶은
신이 내려 주신
즐거운 놀이터

맨드라미꽃

장닭이 어둠을 깨치고
꼬끼오 꼬끼오 새벽을 노래하니
맨드라미가 화들짝 웃었다

오늘

신이 내게 주신

매일매일 새로운 선물

소중한 오늘

바다

모든 것을 다
바다(받아)들인다고 해서
이름 하여 〈바다〉

하늘

머리 들어 하늘 보라고
청옥빛 하늘 하늘
네 마음 비춰 보라고

잠

영원한 잠을 위해서
그 어려운 길을 예비하라고
살아서 연습하는 매일의 죽음

사랑

머리로는 형이상학을
가슴으로는 형이하학을
그리는 영원한 환상

인생

만물의 영장으로 태어나
신성과 마성을 한몸에 품고 사는
불가사의한 존재

풀꽃

가녀린 풀도
한세상 살아가며 피우는
아름다운 생명

산

나무들의 아버지
이름 모를 들풀들의 어머니
고아 같은 바위들의 양부모

바위

천 년 살아남은 바위는
몸을 내어주고 나를 쉬게 하며
반석이 되라고

모래

아직도 세월이 남아
역사를 새길 수 있다고 모래는
자기 몸으로 발자국 만들다

바람

가만있으면 죽은 거라고
움직여야 살아 있는 거라고
바람은 쉬지 않고 돌고 돌아……

노을

하늘과

땅의

진정한 열정적 애무

눈빛

누구도 속일 수 없는
자신마저도 속일 수 없는
가장 정직한 표현

친구

약점을 고루 나누어 가진
유년 시절을 공유한 속일 수 없는
유일한 나의 분신들

형제

서로 다른 모양의
끝없는 연민과 설움의
한뿌리의 열매들

아버지

아버지라는 이름으로
그 무거운 십자가 진
영원히 외로운 존재

어머니

생각만 해도

눈시울 젖어 드는 "어머니"

뼈에 사무치는 그 이름

딸

나의 심장 나누어 가진

유일한 존재

나의 작고 어여쁜 우상

남편

누구도 대신할 수 없는
그 자리, 월급봉투 그냥 주는
소중한 반쪽

아내

있으면 아무렇게나
없으면 아쉬운 그 사람
소중한 옆자리

제4부

향기를 위하여

그대를 그리워하며

꽃이 피면 꽃이 피어서
그대가 그립고
꽃이 지면 꽃이 지어서
그대가 그립다

바람이 불면
가지마다 이파리들 흔들리는 것처럼
내 마음 세포마다 그대로 흔들리고
비가 오면
이파리들 우우 우는 것처럼
내 가슴 혈관마다 피리 소리로 우나니

그대여
언제까지 기다려야 그대 오려나
가슴이 재가 되어 흔적도 없어지기 전
살아생전 어서 오너라, 그대여

〈2010. 4. 14〉

옹이

나무가 알을 배다

천 년 학이 울어 울어도
한이 풀리지 않아
동그랗게 남은
사랑의 상흔

불에 타지도 않을
사랑의 상처
세월 지나도
삭지 않을 사연만 모아
알이 되었는가

상처마다 알이 되어
생명을 지키는 나무
더는 견딜 수 없어
바람에게 사연 풀어 놓고
잎새마다 흔들리며

우우~~~ 속울음 전하는가

나무가 성처녀처럼

사랑을 앓다가

아무도 모르게 알을 배다

〈2010. 4. 15〉

열매를 위하여

여름날 자랑스러웠던
무성한 잎새들이
열매를 위하여
저마다 예쁜 옷으로 갈아입고
떠날 준비를 합니다

오직 열매를 위하여
오만의 잎새들은
모든 영광을 접고
겸손히 땅에 떨어져
죽음으로 열매를 여물게 합니다

한 알의 밀이 땅에 떨어져
죽음으로 많은 열매를 맺음같이
자연의 순교는 이렇듯
찬란한 가을을 아름답게 연출하고
자기 갈 길을 말없이 갑니다

그래서 가을은 풍요롭습니다
그래서 가을은 화창합니다
그래서 가을은 은혜롭습니다

가을엔 성령의 은총 같은
갈 햇빛을 한 올이라도 더 받아
거룩한 열매에 달고 오묘한 맛을 더할 때입니다
영적 열매를 탐스럽게 익혀갈 때입니다

〈2009. 가을〉

삶의 터널

살아가다 보면
누구나
삶의 터널을 만난다

터널에 갇혀
앞이 캄캄하거든
넘어져 어둠에 깔리지 말고
무조건 일어나 걸어가라
어서 일어나 빛을 찾아 나서라

터널은 안주할 동굴이 아니다
터널은 통과하라고 뚫린 곳
터널은 들어가면 반드시 나갈 길이 있다
그 소망의 끈을 붙잡기만 하면 된다

저 터널의 등고선을 지나가면
실낱같은 작은 점 하나 빛이 보이고
가다 보면 그 빛은 점점 커져서

초승달이 뜨고 반달이 뜨면
드디어 둥그런 출구로 널 인도해 주리니
드넓은 초원으로 맘껏 뛰어 나오라

터널을 통과한 자만이 누릴
자유와 행복이 널 기다리느니
이를 두고 너 어찌
어둠에만 묻혀 있느냐

"사랑하는 자여
일어나 함께 가자"

〈2011. 11. 7〉

나를 품어 기르는 산

산은 나의 아버지
그 품에 안긴 작은 풀꽃 하나
파르르 떨며 울먹일 때
나를 품어 기르네

추운 겨울에도
가슴 깊은 속 사랑으로
나를 끌어안고
울어 기르네

아지랑이 모락모락 오르는
봄날
큰 품에서 나를 세상에 밀어 내고
안쓰러워 밤에도 잠들지 못하는 산

천둥과 먹구름 속에서도
산은 온몸으로 비바람 막아
내 안식의 요람 되네

내가 인생길 뒤척이며
방황할 때
산은 내게로 내려와
크고 부드러운 팔을 펼쳐
나를 편안히 품어 주네

〈2008. 12〉

아버지를 그리며

대학 3학년 때였던가
영동 포도가 맛있다며
포도를 좋아하는 나를 찾아
대전에서 완행열차를 타고 서울에 오시어
무작정 이대 정문 앞에서
하교하는 여학생 하나하나를 더듬으시며
영동 포도 대바구니를 들고 서 계셨던 아버지
도서관 대학생 별칭이 붙어 있던 내가
그날따라 아버지와 텔레파시가 통했던지 일찌감치
늦가을 저녁 햇살을 받으며 정문 앞을 나오다가
주름살 가득 지으시며 반기시던 아버지 모습……

달콤한 포도즙과 함께 포도알 쪽 빨아 먹고
배앝아 놓은 짙은 자주색 쭈글쭈글해진 포도껍질
정신없이 먹어치우는 나를 사랑스럽게 바라보는
아버지 주름진 눈꺼풀이 포도껍질처럼
수북이 쌓이고 또 쌓여갈 때
아버지 나이를 훌쩍 넘어 갑년의 나이 넘기고

나의 딸내미가 싱싱한 푸른 포도알 쏙 빼먹고
포도껍질 퉤 퉤 배앝아 놓을 때
나는 포도껍질 헤치고 나와
아버지 생각으로 가슴 저미네

〈1999. 10〉

백두산의 겨울나무

백두산에서 내려온 겨울나무
남산타워 앞에서 운다

온몸에 새겨진 역사
표피에 상형문자가 그려져 있다

우리나라 소나무가 휘어진 것은
뿌리가 만난 암벽을 피하느라
온몸을 뒤틀어서라도
균형 잡으며 뿌리 내린
모진 삶의 연명

꽃제비가 날아든다
죽음을 무릅쓰고
압록강을 건넌다

백두산 겨울나무
지금은 아무 말 안 하지만

그 모두를 보고 있다

너무 마음 아파서
백두산의 겨울나무는 모두
표피가 굵게 터져 있다

〈2010. 겨울〉

겨울 들녘

그것은 봄과 여름
그리고 가을을 지내 온
인생의 평온함이었다
겨울 복판에 크리스마스가 있다는 것은
인류에게 큰 위로였다
축복이었다

모든 영화가 풀과 같고
그 영화는 풀의 꽃과 같이 시들었다
우리들에게 남은 것은
하늘나라가 마지막 종착역
더는 어쩔 수 없이
누구나 다 가는 그 길의 최전선에
서 있는 백발의 용사여!

나무들은 시방 떨고 서 있다
그러나 봄을 희망하며
의연하게 북풍을 견디고 있다

보아라 나무의 인내를

〈2011. 12. 1〉

강나루

빈 배가 강나루에 매어 있다
바람이 불 때마다 흔들리며
데리고 갈 사람 기다리고 있다
꼭 타야 할 사람이 아직 도착하지 않아
잠시를 더 기다리고 있다

저쪽 강 건너
그쪽으로 꼭 가야 할 사람
니느웨로 갈 한 사람
타지 않은 배는
많은 사람 탔어도
빈 배 같아라

풍랑이 심해지면
어이하리오
사람은 많아도
노 저을 사람 없어
어이하리오

빈 배에서
나를 부르시는 음성
그 세미한 음성
밤바람 속에서 들리느니
이 캄캄한 밤을
나는 어이하리오

〈2011. 11. 11〉

모래 한 알

모래알에는 시간이 들어 있다
한 알 한 알 시간의 파편들
온갖 우주의 신비로운 조각들

모래알에는 바람의 자죽과
달빛의 흐느낌과
햇빛의 강렬한 발자국과
파도 소리와 물고기들의 울음소리까지
모두 녹음되어 있다

모래알에는 너의 애통과 흐느낌
인류의 역사가 말없이 적혀 있다

모래알 한 알에서도
우주와 역사를 보나니
한 알 모래알이 얼마나 소중한가

〈2009. 8〉

고백

홀로 있을 때만
당신 품에서
울게 하시고

더불어 있을 때엔
그들과 함께
웃게 하소서

해가 뜨고
달이 지고
그냥 그렇게 세월 흘러

내 일생
풍랑 많았어도
바다처럼 평온하다
이르게 하소서

〈2010. 12〉

추석 명절에 · 1
— 홍시와 어머니

추석 명절 고향 가는 길
막히고 복잡해도
마음은 벌써 고향집
지붕 위 빨간 고추랑
뒤뜰의 감나무
집 앞의 누우런 갈걷이까지
모두 마음 자락에 펼쳐지면
지루한 귀향길이 온통 황금물결

어머님 얼굴 주름 가득하지만
보름달처럼 웃으며 반기시는 모습
가슴에 담아 보면
가는 길 즐겁고 멀지 않아
새끼들 올망졸망 손에 손 잡고서
고향집 내 모습은 새끼들처럼
달나라 떡방아 찧는 토끼 모양
나도 덩달아 계수나무로 춤추느니

그동안 부모님 흘리신
땀과 눈물이
감 깊숙이 베어 무서리로 내리면
단맛이 더해져서
자손들은 홍시 단물만 쪽쪽 빨아 먹고
쭈글쭈글해진 껍질만 쟁반에 수북이 쌓이는데
어머님은 감 껍데기 같은 손으로
손주 엉덩이 어루만지며
'내 새끼들 맛있지 많이 먹거라'

나는 어머니 그 연세를 어느덧 넘고 나서
제상에 올라가신 어머님 바라보니
손주들은 빨간 홍시 단물 빨아 먹는데
내 가슴엔 이다지도 빨간 눈물이
아무도 모르게 흘러내리는가

〈2009. 가을〉

추석 명절에 · 2
— 알밤과 아버지

단잠 속을 툭툭 소리 내며
알밤이 떨어지는 어둠 속에서
아버지는 해보다 더 먼저 일어나셨다
내려진 이슬에 햇빛이 닿으면
모든 열매들 보석을 달고
알알이 영글어 가는 새벽

이슬을 헤치고 뒷산에 올라
아버지는 떨어져 누운 밤송이를 가르며
양옆의 빈 껍질 사이로
통통하게 살진 알밤 한 알을 뽑아 내셨다
"가운데 한 알이 큰 알밤이 되기 위해서는
양옆의 놈이 이렇게 쭈그러진 껍질만 남는 겨"

잘생긴 알밤만 골라
아버지는 차례상에 올릴 밤을 치고 계시고
어머니는 부엌일에 바쁘시고

철없는 나는 둥근 달 속 토끼가 되어
떡방아를 찧고 송편을 만들었지

세월을 건너 내가 아버지 나이 되어
뒤뜰 감나무처럼 주렁주렁 새끼들 달고
고향집 찾았으나 아버지는 계시지 않고
나는 알밤이 되어 뽑혀 나와 추모예배를 드리는데
제상 위 빈 껍질로 버려져 누워 있는 아버지……

아버지 주름진 얼굴이
화안하게 보름달로 떠오르면
새끼들 왁자지껄한 웃음 사이로
그때 벗겨졌던 밤송이 껍질 하나가
내 가슴을 아리게 쓸어내리고 있네

〈2009. 가을〉

하루를 끝내고

하루의 고달픈 삶의
끄트머리에 내려앉는
안식의 밤
기도로 하루의 빗장을 걸고
아버지~~~ 하고 부르면
나도 모르게 쏟아지는
눈물^^^^^
북받쳐 오르는
내 생의 남루 다 풀어놓으면
말없이 쓰다듬고 품어 주시는
주님!!!

내 젖은 머리 기대어
그분 품 안에서
쉬고 난 아침
기도로 하루의 빗장 풀면
오늘은 또 어떻게 쓰실지
오늘의 맑은 유리창 닦으면

설레는 마음 사이로

눈부신 해가 떠오른다

〈『창조문예』, 2005. 5〉

바다에 뜬 별

부서져야 하리
더 많이
부서져야 하리
이생의 욕심이 하얗게
소금이 될 때까지

무너져야 하리
더 많이
무너져야 하리
억만 번 부딪쳐
푸른 상처로
질펀히 드러눕기까지

깨져야 하리
더 많이
깨지고 또 깨어져
자아와 교만과 아집이
하얀 물보라가 될 때까지

씻겨야 하리
더 많이
씻기고 또 씻겨
제 몸 속살까지
하늘에 비춰야 하리

그래서 비로소
조용해지리
슬픔도 괴롬도
씻기고 부서져
맑고 깊은 바다 되리

그 영혼의 바다에
맑고 고운
사랑의 별 하나
뜨게 하리

〈시집『그대는 별로 뜨고』중에서〉

오늘을 위한 기도

잃어버린 것들에
애달파하지 아니하며
살아 있는 것들에
연연해하지 아니하며
살아가는 일에
탐욕하지 아니하며
나의 나됨을 버리고
오직 예수 그리스도만
내 안에 살아 있는
오늘이 되게 하소서

가난해도
비굴하지 아니하며
부요해도
오만하지 아니하며
모두가 나를 떠나도
외로워하지 아니하며
억울한 일을 당해도
원통해하지 아니하며

가장 소중한 것을 상실해도
절망하지 아니하며
우리 이렇게 예수 믿고 구원받아
오늘 함께 살아 있음에
감사하고 감격하는
오늘 하루 되게 하소서

누더기를 걸쳐도
디오게네스처럼 당당하며
가진 것 다 잃고도
욥처럼 하나님을 찬양하며
천하를 얻고도
다윗처럼 겸손히 엎드려 회개할 줄 아는
넓고 큰 폭의 인간으로
넉넉히 사랑 나누며
이웃과 더불어
오늘 하루
감사와 기쁨으로 살게 하소서

〈 시집 『하나님의 편지』 중에서〉

물처럼 그렇게 살 수는 없을까

가장 부드러운 물이
제 몸을 부수어
바위를 뚫고 물길을 내듯이
당신의 사랑으로
나의 단단한 고집과 편견을 깨트려
물처럼 그렇게 흐를 수는 없을까

내 가슴속에는 언제나
성령의 물이 출렁이는
사랑의 통로 되어
갈한 영혼을 촉촉이 젖게 하시고
상한 심령에 생수를 뿌리게 하시어
시든 생기를 깨어나게 하는
생명의 수로가 될 수는 없을까

물처럼 낮은 곳만 찾아 흘러도
넓고 넓은 바다에 이르듯이
낮은 곳만 골라 딛고 살아가도
영원한 당신 품에 이르게 하시고

어떤 어려움과 역경 속에서도
오늘도 내일도 여일하게
쉼 없이 나의 갈 길 다 달려가면
마침내 구원의 바다에 다다를 것을 믿으며

물처럼 내 모양 주장하지 않아도
당신이 원하는 모양대로
뜻하시는 그릇에 담기기를 소원하는
유순한 순종의 물처럼 살 수는 없을까

그늘지고 외로운 곳 닿는 자리마다
더러운 때는 씻어 주고
아픈 곳은 쓰다듬고 어루만지며
머무르지 않고도 사랑해 주는 냉철함과
장애물을 만나서는 절대로 다투지 아니하고
휘돌아 나가는 슬기로움과
폭풍우를 만나서도
슬피 울며 퍼져 있는 대신에
밑바닥까지 뒤집어

나도 모를 생의 찌꺼기까지 퍼 올려
인생을 정화시키는 방법을 깨달을 수는 없을까

물처럼 소리 없이 흐르면서도
나를 조금씩은 나누어
땅속에 스며들게도 하여
이름 모를 들풀들을 자라게 하고
나를 조금씩은 증발케도 하여
아름다운 구름으로 노닐다가
나의 소멸이
훗날, 단비로 내려져서
싱싱한 생명나무를 기를 수는 없을까

물처럼 그렇게 흐를 수는 없을까
우리 모두
물처럼 그렇게 살 수는 없을까

〈 시집 『하나님의 편지』 중에서〉

향기香氣를 위하여

향기는
요란을 피우지 않는다
다만
바람의 등을 타고
살며시 날아갈 뿐이다
향기가 지나는 곳마다
메마른 가슴에
꽃을 피우고 싶다

향기는
꽃의 영혼이다

살아 있는 동안
그 진액을 퍼 올리고
일생 사랑의 헌사獻士가 되어
그대가 외롭고 지쳐 있을 때
형체도 없이 그대 곁에 다가와
그대를 위로하고

말없이 떠날 뿐이다
꽃의 소망은
향기로 남는 것뿐이다

내가 이렇게 덧없이 시들어 가도
슬프지 않은 것은
눈에 보이지도 않고
귀에 들리지도 않으나
한 자락 향기로 떠돌다가
그대 가슴 서글퍼지는 황혼 녘에
어느 날 문득 그대 입가에 앳된 미소의
꽃으로 피어나기를 소망하기 때문이다

〈2005. 6〉

■작품해설

작은 잎사귀의 숲을 향한 꿈
— 김소엽의 시세계

유 승 우
(시인 · 인천대 명예교수)

1. 들어가며

김소엽 시인을 내가 알고 지낸 것이 30여 년 되는 것 같다. 시인들의 모임 행사에서 처음 만났을 것이다. 그때에는 '꽤 예쁜 여류시인이구나.' 라는 것이 내 느낌의 모두였다. 예쁘다는 것은 겉 사람에 대한 평가다. 그러나 그땐 나도 40대이고, 예쁜 여류 시인을 알게 되었다는 것이 그의 시를 읽는 것보다 더 마음 설레는 일이었다. 그래서 만날 때마다 예쁜 얼굴의 환한 미소가 좋아 김소엽 시인과 악수하는 것이 즐거웠다. 젊은 날 김 시인의 눈웃음은 사람을 잡아끄는 힘이 있었다. 그러다가 문인선교회에서 김소엽 권사님과 유승우 장로로 만나게 되었다. 여기서도 김소엽 시인의 속사람과 만나기는 어려웠다. 부르는 호칭부터도 사회적이기 때문이다. 그리고 형식적인 일이 끝나면 형식적인 인사로 헤어졌다.

시인이 시를 쓴다는 것은 무엇일까. 하나하나 마음의 옷을 벗어버리고 '맨 사람'이 되는 것이라고 나는 생각한다. '맨 사람'은 인간의 원형(原型, Archetype)이다. 에덴동산에서 아담과 하와가 옷을 벗고 있었다는 것은, 그들이 '맨 사람'이었다는 것을 상징한다. 인간은 너무 많은 마음의 옷을 입고 있다. 이 마음의 옷을 종교적으로는 죄罪라고 하며, 우리말로는 허물이라고 한다. 그러니까 시를 쓴다는 것은 허물벗기이며, 허물을 벗으면 모든 생명은 날개가 돋아 더 높은 차원으로 날아오른다. 이것이 종교적으로는 영혼의 거듭남이며, 시적으로는 새로운 생명인 시 작품의 탄생이다. 사람과 사람이 만날 때는 아무리 허물없는 사이라 해도 서로의 '맨 사람'과의 만남이 어렵다. 그래서 시와 만나야 한다. 시는 거짓말을 할 수 없다. 만약에 시인이 시에다 거짓의 옷을 입혀 놓으면, 시 자체가 독자에게 벗겨 달라고 고백한다. 그래서 한 시인의 시와 만나는 것은 참 사귐인 영적 교감이다.

나는 일주일 동안 김소엽이란 이름도 잊고 오직 시만을 읽기로 했다. 그랬더니 김소엽 시인과 30년 동안 만난 것보다 더 허물없이 내 영혼이 그의 영혼에 가닿는 것을 느꼈다. 이제 김소엽 시인도 칠순을 맞는다. 요즘 김 시인을 만날 때면, 30년 전의 곱던 얼굴을 생각하며, 내 마음이 아팠다. 더군

다나 눈이 안 보인다는 말을 듣고부터는 내 아내에게도 기도를 부탁하고, 나도 기도했다. 그러나 그의 시를 읽으면서 그의 이미지가 믿음의 꽃으로 피어나고 있음을 확인할 수 있었다.

2. 사람[人間]과 시인詩人

『창세기』 1장 3절에, "하나님이 이르시되 빛이 있으라 하시니 빛이 있었고"라고 했다. 이 빛은 태양의 빛이 아니라 생명의 근원이 되는 힘, 곧 하나님이 하시는 일의 시작을 의미한다. 왜 하나님은 천지창조의 큰일을 시작하시는 첫 날에, "빛이 있으라"고 하셨을까. 그것은 하나님의 천지창조의 목적이 생명生命, 곧 인간人間에 있음을 보여 주신 것이다. 그래서 천지창조 마지막 날인 여섯째 날에, "하나님이 자기 형상 곧 하나님의 형상대로 사람을 창조하시되 남자와 여자를 창조하시고"라고 한 것이다. 그러니까 하나님의 천지창조의 목적은 "하나님의 형상대로 사람을 창조"하시는 것에 있었다.

'하나님의 형상대로' 란 무엇일까. 하나님의 형상이란 곧 신성神性이며, 이 신성을 인간에게 불어넣어 주신 것이 영혼이다. 『창세기』 2장 7절에는, "여호와 하나님이 땅의 흙으로 사람을 지으시고 생기를 그 코에 불어넣으시니 생령이 되니라"고 했다. 사람이 생령生靈이 되었다는 것은 신성을 지니게 되었다는 것이며, 하나님을 닮았다는 것이다. 하나님의 형상이란 어떤 것일까. 사람의 눈으로 볼 수 없는 것이다. 분명히 존재하면서 눈으로 볼 수 없는 것이 신성이며, 영혼이다. 이 영혼은 인간 생명의 근원인 빛이다. 그래서 하나님은 천지창조 첫날에 "빛이 있으라" 하신 것이다. 사람은 빛의 알갱이인 영적 존재다. 그러므로 빛의 알갱이는 곧 하나님의 유전자다. 자연인 김광자金光子의 뜻은 '황금색 빛의 알갱이' 라는 뜻이다. 그런데 황금색 빛의 알갱이만으로는 생명을 만들 수 없다. 그래서 시인 김소엽(金小葉, 황금색 작은 잎사귀)으로 거듭난 것이다. '황금색 작은 잎사귀' 는 '봄철에 새로 눈뜬 노란 잎' 이다. 광합성을 통해 초록의 숲을 만들라는 하나님의 사명을 받은 어린잎이다. 이 어린잎은, "이제 많은 수고와 기도와 찬양의 함성이/ 조화롭게 코러스로 울려 퍼질 때/ 아름다운 꽃은 비로소 태어날 것이다." 에서 보듯, 「봄의 탄생」을 꿈꾸고 있다.

> 꽃이 그냥 스스로 피어난 것은 아닙니다
> 꽃이 피기 위해서는
> 햇빛과 물과 공기가 있어야 하듯이
>
> 꽃이 저 홀로 아름다운 것은 아닙니다
> 꽃이 아름답기 위해서는
> 벌과 나비가 있어야 하듯이
>
> 꽃의 향기가 저절로 멀리까지 퍼진 것은 아닙니다
> 꽃의 향기를 전하기 위해서는

바람이 있어야 하듯이

나 혼자 힘으로 여기까지 온 것은 아닙니다
기도로 길을 내어주고
눈물로 길을 닦아 준 귀한 분들 은덕입니다

내가 잘나서 내가 된 것은 더더욱 아닙니다
벼랑 끝에서 나를 붙잡아 주고 바른 길로 인도해 주신
보이지 않는 그분의 섭리와 은혜가 있는 까닭입니다
—「꽃이 피기 위해서는」 전문

  이번 시집의 첫머리에 있는 작품이다. 한 시집의 첫 작품은 그 시집의 현관과 같은 것이다. 현관만 들어서도 그 집의 분위기를 예감할 수 있다. 그 시인의 시세계를 상징해 준다는 말이다. 하나님으로부터 생명 창조의 사명을 받은 것이 식물이다. 식물은 광합성을 통해 유기체를 만듦으로써 이 사명을 감당한다. 그리고 꽃은 식물적 생명의 절정이다. 인간에게 있어 식물적 생명은 영혼이다. 김소엽 시인은 자신을 지금 꽃으로 은유하고 있다. 그렇다면 그의 영적 생명은 지금 절정이라는 것이다. 그의 시의 집 현관이 꽃의 피어남이라면 그의 시집은 꽃동산임이 분명하다. 그러나 그 꽃은 "꽃이 그냥 스스로 피어난 것은 아닙니다"라고 하여, 첫 연에서 "햇빛과 물과 공기가 있어야 하듯이" 자연의 섭리가 있어야 함을 고백한다. 그리고 넷째 연에서 "기도로 길을 내어주고/ 눈물로 길을 닦아 준 귀한 분들 은덕입니다"라고 인간관계의 고마움을 고백한 다음, 마지막 연의 끝줄에서 "보이지 않는 그분의 섭리와 은혜가 있은 까닭입니다"와 같이, 하나님의 섭리와 은혜로, 자신이 꽃으로 피어날 수 있었다는 고백으로 마무리한다. 왜 나는 자꾸 고백이라고 표현하는가. 김소엽 시인의 시가 모두 시인의 신앙고백이기 때문이다.

> 우리네 인생길이
> 팍팍한 사막 같아도
> 그 광야 길 위에도 찬란한 별은 뜨나니
> 그대여,
> 인생이 고달프다고 말하지 마라
>
> (…중략…)
>
> 내가 외롭고 아프고 슬플 때
> 그대의 따뜻한 눈빛 한 올이 별이 되고
> 그대의 다정한 미소 한 자락이 꽃이 되고
> 그대의 부드러운 말 한 마디가 이슬 되어
> 내 인생길을 적셔 주고 가꾸어 준
> 그대여
>
> 이제 마지막 종착역도 얼마 남지 않았거니
> 서럽고 아프고 쓰라린 기억일랑
> 다 저 모래바람에 날려 보내고
> 아름답고 즐겁고 행복했던 기억만을

찬란한 별로 띄우자

　　(…중략…)

　　이 세상 어딘가에 그대가 살아 있어
　　나와 함께 이 땅에서 호흡하고 있는
　　그대의 존재 자체만으로도
　　나는 고맙고 행복하나니
　　그대는 나의 가장 소중한 별
　　그대는 나의 가장 빛나는 별
　　　　　　　―「그대는 나의 가장 소중한 별」부분

　김소엽 시인은 위의 시를 시집의 부표제로 한다고 했다. 시집을 집[家庭]에 비유하면 표제는 그 집의 문패와 같다. 한 집의 문패에는 그 집을 대표하는 가장의 성명姓名이 기록되어 있다. 김소엽의 시세계를 대표하는 성姓과 이름이다. 성은 그 집안의 역사와 전통을 상징한다. 김소엽 시인의 첫 시집은 『그대는 별로 뜨고』였다. 그리고 이번 시집에서도「아름다운 울 엄니」의 마지막 연도, "당신은/ 나의 가장 소중한/ 빛나는 별"이다. '그대' 혹은 '당신'과 '별'은 김소엽 시인의 브랜드이며, 문패다. 처음의 '그대'는 먼저 가신 장로님일 것이다. 그리고「아름다운 울 엄니」에서 '당신'은 말할 것도 없이 "잃어버린 후에서야/ 목메어 불러 보는/ 그 이름, 어머니"다. 그런데 이번 시집에서 '그대'는 "예수님이 사랑하신 모두"다. 이들을 위해 예수님은 십자가를 지셨다.

김소엽 시인은 첫 시집에서부터, "당신이/ 너무나도/ 그리 웁다// 가슴은/ 노을빛// 몸에선/ 낙엽 타는/ 냄새// 당신이/ 너무나도/ 그리웁다"(「그리움」)에서 보듯, 그리움의 대상인 '당신'과 '그대'가 그려져 있다. 그리고 '별' 연작시를 쓸 만 큼 별은 "밤에만/ 빛나는/ 별은/ 어둠에 사는/ 인간에게/ 사 는 길/ 보여 주는/ 사랑하는 사람의/ 간곡한/ 눈물의/ 말씀" (「별·12」 전문)에서 보듯, 사랑과 위로의 간곡한 말씀이다. 분명한 것은 김소엽의 현실은 어둡고, 외롭고, 춥고, 메마른 사막의 밤이었다. 김소엽 시인은 이러한 현실을 "삶은/ 신이 내려 주신/ 즐거운 놀이터"(「삶」 전문)로 만들고, 오늘을 "신 이 내게 주신/ 매일매일 새로운 선물/ 소중한 오늘"(「오늘」 전문)로 감사하고, 「인생의 찬가」를 "오늘 이렇게 살아 있음 을/ 감사하며 기쁨으로 노래하자/ 나의 형제여!"라고 노래할 수 있게 한 것은 '예수의 보혈'을 수혈한 믿음의 힘이다.

종교적 간구의 마음은 거룩하다. 시인의 시를 향한 마음도 거룩하다. 김소엽에게 있어서는 종교도 시이며, 시도 종교다. 김소엽에게 있어서는 종교도 구원의 길이며, 시도 구원의 길 이다. 그래서 "이제 마지막 종착역도 얼마 남지 않았거니"라 고 생각하는 노년의 자리에서도, 모든 것을 "찬란한 별로 띄 우자"는 믿음의 경지에까지 이른 것이다. 그의 삶도 거룩하 고, 믿음도 거룩하며, 시도 거룩한 경지에 이르렀다는 말이 다. 자연인 김광자가 시인 김소엽으로 거듭나 사명을 감당했 기 때문이다.

3. 바람[願]과 바람[風]

사람은 누구나 신성神性, 곧 하나님의 유전자를 받았다. 하나님의 하나님 된 본질은 바로 창조성創造性이다. 그렇다면 하나님의 유전자를 받은 모든 사람은 창조성을 지니고 있는 것이다. 이 창조성이 바로 하나님을 닮은 재질이란 뜻의 천재성天才性이다. 그런데 왜 모든 사람이 이 천재성을 발휘하지 못할까. 그것은 마음의 때인 허물을 벗지 못하기 때문이다. 하나님의 하나님 된 본질인 창조성의 뿌리는 바로 아무것도 없다는 뜻의 허무성虛無性이다. 아무것도 없었기 때문에 하나님은 천지를 창조하셨던 것이다.

하나님의 유전자인 신성의 뿌리도, 아무것도 없는 '無'라야 한다. 그래야 있음[有]을 바라는 바람[祈禱]이 있고, 그 바람이 창조성이다. 하나님의 형상대로 지음 받은 인간은 모두 천재다. 그러나 모두가 천재성을 발휘하지는 못한다. 모두가 다 시인이 되지는 못한다는 말이다. 그러면 왜 예술이 아니고 시인가. 시가 모든 예술의 뿌리이기 때문이다. 시만이 인간의 원형(原型, Archetype)인 '없음[無]'을 지키는 언어예술言語藝術이기 때문이다. 이 '없음'이 창조성의 뿌리이며, 사랑의 뿌리이기도 하다.

    바람은 고독하다
    아무리 돌고 돌아도
    말벗 하나 만나지 못하는 바람은

오늘도 하늘을 날 수밖에 없다
지구를 몇 바퀴나 돌았을까
목숨 다하기까지 순례의 길을 멈추지 않음은
아직도 꿈이 남았기 때문일까
아직도 고운 님 하나 갖지 못해서일까
　　　　　　―「바람의 노래 · 4―고독한 바람」 전문

나는 태초부터 스스로 있었고
내 기운이 에너지로 번졌다
내가 존재함으로
사람들은 호흡을 하고
내가 있음으로
이 세상 모든 것들이 존재하고
이름을 가진다
내가 지나는 길에
잎새들이 손 흔들어 인사하고
꽃들이 피어나고
열매가 익어 간다
나는 곧 생명이다
　　　　　　―「바람의 노래 · 10―생명의 바람」 전문

너와 나
알몸으로
눈 이불 덮어 볼까

다음 날

그대도 나도
그대로 녹아서
흔적도 자취도 없어져

하늘로 증발되어
면사포 쓰고
지상으로 춤추며 내려올까

―「눈 오는 날 · 4」 전문

하나님이 지상의 생명을 위해 주신 첫 선물이 공기空氣이고, 두 번째 선물이 물이다. 그런데 공기의 공空 자는 하늘을 의미하는 글자다. 그렇다면 공기는 '빈 기운'이 아니라 '하늘 기운'이다. 좀 더 시적으로 표현하면 '하나님의 숨결'이다. 그러면 왜 빌 공 자로 알게 되었을까. 하늘이 비어 있는 없음이기 때문이다. 이 없음이 곧 창조성이라고 했다.

공기는 형체가 없기 때문에 자신을 보이고 싶은 바람이 되는 것이다. 그러니까 이 바람[風]은 무언가 되고 싶은 바람[願], 곧 기도다. 공기의 움직임인 바람은 자연현상이다. 자연은 사람이 쓰기 위해 만든 물건이 아니라 하나님이 창조하신 사물事物이다. 이를 가리켜 김 시인은 "나는 태초부터 스스로 있었고/ 내 기운이 에너지로 번졌다"라고 했다. 모든 생명은 하나님의 소관이다. 그리고 "내가 존재함으로/ 사람들은 호흡을 하고/ 내가 있음으로/ 이 세상 모든 것들이 존재하고"라고 했다. 육체적 생명은 호흡을 해야 존재할 수 있다. 그래서 호흡은 존재를 바라는 육체의 기도이며, 하나님의 숨결과 사귀는 것이다.

사람의 속에는 하나님이 불어넣어 주신 신성이 있으며, 이 신성도 하나님을 닮은 '없음'이므로 창조성의 근원이라고 했다. 인간에게만 주어진 이 창조성이 문학적 용어로는 상상력(想像力, Imagination)이며, 상상력의 '상상想像'은 우리말로 '그리다'이다. 그러니까 시인이 지닌 상상력은 그리는 힘이다. 있어야 할 것이 없을 때 고독하고, 무언가를 그리게 된다. 모자라고 부족한 것이 많다고 느낄수록 그리는 힘은 늘어난다. 그래서 예수님은 "심령이 가난한 자는 복이 있나니 천국이 그들의 것임이요"라고 했다. 여기서 말하는 복 있는 그들이 바로 시인들이다. 마음속으로만 그리는 것이 '그리움'이며, 이 그리움을 선이나 색채로 그리면 그림이 되고, 말로 그리면 시적 '이미지'가 된다. 세실 데이루이스Cecil Day-Lewis는 이미지를 "말로 그린 정열적 그림"이라고 정의했다.

그리고 자연현상이나 사물을 감각적 이미지로 형상화한 것을 사물시physical poetry라고 한다. 2부의 '바람의 노래'와 '눈 오는 날'에서 '바람이나 눈 오는 것'은 자연현상이다. 그러므로 이 시편들은 당연히 바람이나 눈의 이미지를 형상화한 사물시다. 그런데 에즈라 파운드Ezra Pound는 사물시의 특성을 일체의 관념을 배제한, 메마르고 단단함dry hardness이며, 뼈대와 같은 것이라고 했다. 그러나 이러한 주지성만으로는 상상력의 본질인 '그리움'과 시의 본질적 요소인 정서가 메마르게 된다는 반성에서, 비유적 이미지가 등장하게 되었다.

김소엽 시인과 같은 신앙인을 위해서다. 그래서 바람에게 "네 기침 소리만 들어도/ 나는 네 속울음의 깊이를 안다"고도 하며, "바람은 고독하다/ 아무리 돌고 돌아도/ 말벗 하나 만나지 못하는 바람"이라고 노래한다. 그리고 눈 내림의 현상에서, "평안해 평안해/ 우주만물 다 평안해// 깨끗해 깨끗해/ 죄 많은 곳에도/ 아픈 자리에도/ 하얗게 하얗게 덮어 주는/ 하늘의 고운 손길"을 보고, "너와 나/ 알몸으로/ 눈 이불 덮어볼까 (…중략…) 하늘로 증발되어/ 면사포 쓰고/ 지상으로 춤추며 내려올까"라는 환상적 이미지를 그리고 있다. 마음속으로 그리는 '그리움'을 다른 말로 하면 사랑이다. 데이루이스가 정의한 '정열적 그림'에서, 정열적이란 말은 시인의 뜨거운 사랑을 의미한다.

> 물처럼 낮은 곳만 찾아 흘러도
> 넓고 넓은 바다에 이르듯이
> 낮은 곳만 골라 딛고 살아가도
> 영원한 당신 품에 이르게 하시고
> 어떤 어려움과 역경 속에서도
> 오늘도 내일도 여일하게
> 쉼 없이 나의 갈 길 다 달려가면
> 마침내 구원의 바다에 다다를 것을 믿으며
>
> 물처럼 내 모양 주장하지 않아도
> 당신이 원하는 모양대로
> 뜻하시는 그릇에 담기기를 소원하는

유순한 순종의 물처럼 살 수는 없을까

그늘지고 외로운 곳 닿는 자리마다
더러운 때는 씻어 주고
아픈 곳은 쓰다듬고 어루만지며
머무르지 않고도 사랑해 주는 냉철함과
장애물을 만나서는 절대로 다투지 아니하고
휘돌아 나가는 슬기로움과
폭풍우를 만나서도
슬피 울며 퍼져 있는 대신에
밑바닥까지 뒤집어
나도 모를 생의 찌꺼기까지 퍼 올려
인생을 정화시키는 방법을 깨달을 수는 없을까

물처럼 소리 없이 흐르면서도
나를 조금씩은 나누어
땅속에 스며들게도 하여
이름 모를 들풀들을 자라게 하고
나를 조금씩은 증발케도 하여
아름다운 구름으로 노닐다가
나의 소멸이
훗날, 단비로 내려져서
싱싱한 생명나무를 기를 수는 없을까

물처럼 그렇게 흐를 수는 없을까
우리 모두

> 물처럼 그렇게 살 수는 없을까
> ―「물처럼 그렇게 살 수는 없을까」부분

 이 작품은 시집 『하나님의 편지』에서 뽑아 재수록한 것이다. 그만큼 아끼는 작품이고, 김 시인의 인생관과 신앙관이 녹아 있는 작품이다. 그런 만큼 시미학적인 작품성을 따질 수 없는 작품이다. 메마르고, 단단하고, 뼈다귀와 같은 구조적 예술성보다 시의 제목인 '물처럼 그렇게 살 수는 없을까'처럼, 순종하며 사는 법을 물에게서 배워서, 그렇게 살 수는 없을까라는 바람[願]을 형상화한 작품이다. 이런 작품은 시적인 구조가 중요한 게 아니라 시의 내용이 중요하다. 자연은 하나님의 작품이다. 하나님의 작품에는 하나님의 뜻이 숨어 있다. 그것을 찾아 읽고 깨닫는 것이 시인의 사명이다. 하나님의 작품에서 사람은 못 보는 것을 시인이 보고, 그것을 말로 그린 것이 시각적 이미지이고, 남은 못 듣는 것을 시인이 듣고 말로 그린 것이 청각적 이미지다. 모든 시적 이미지는 시인이 느낀 것을 말로 그린 정열적 그림이라고 했다. 하나님의 작품인 물의 이미지를 기독교적으로 잘 형상화한 것이 이 작품이다.
 현대시는 사물시이며, 사물事物의 속성屬性을 그린 것이 사물시事物詩라고 했다. 하나님의 작품인 사물에는 하나님의 뜻이 숨어 있다고 했다. 이 하나님의 뜻이 바로 그 사물의 속성이다. 이를 가리켜 중용에서는 "하늘이 내려준 것을 속성이라고 말한다(天命之謂性)."고 했다. 그런데 이 작품의 제재인 물의 속성은, 그 첫째가 '낮은 곳으로 흐르는 것'(3연)이고, 둘째가 '제 모양을 주장하지 않아서 무색, 무미, 무형이라는 것'(4연)이며, 셋째가 '더러운 때를 씻어 주는 것'(5연)이고, 넷째가 '사랑과 미움에 민감한 것'(7연)이다. 이 넷째 속성이 인성人性과 가장 닮았다. 사랑은 따뜻함이며, 과학적으로는 에너지 곧 열熱이다. 물은 사랑을 받으면 제 몸을 따뜻하게 하고, 더 많이 받으면 펄펄 끓다가 제 몸을 증발시킨다. 이것이 인간에게 있어서는 제 몸을 다 바치는 헌신이나 순애 혹은 순교의 이미지다. 이러한 물의 속성을 잘 형상화한 것이, "나를 조금씩은 나누어/ 땅속에 스며들게도 하여/ 이름 모를 들풀들을 자라게 하고/ 나를 조금씩은 증발케도 하여/ 아름다운 구름으로 노닐다가/ 나의 소멸이/ 훗날, 단비로 내려져서/ 성성한 생명나무를 기를 수는 없을까"라고 노래하는 7연이다. 그러나 사랑의 반대인 미움[冷氣]을 받으면 몸이 딱딱하게 굳어 버린다. 그래서 물의 속성이 인성과 닮았다고 하는 것이다.

이 작품은 그 제목부터 간절한 바람[願]으로 시작해서 마지막 행도 "물처럼 그렇게 살 수는 없을까"라는 간절한 바람으로 마무리한다. 우리 속에 있는 신의 유전자인 신성이 하나님의 작품인 자연을 보고 느껴서 움직이는 것이 기도祈禱다. 우리말로는 마음의 움직임도 바람이며, 공기의 움직임도 바람이다. 공기의 움직임인 바람은 사랑의 열매가 없지만, 마음의 움직임인 바람은 사랑의 열매를 맺는다. 살아 있는 것의 속성이 느낌과 움직임이기 때문이다. 느낌과 움직임을 한 단어로

하면 감동感動이다. 마음이 살아 있는 시인만이 하나님의 사랑에 감동을 받고, 감동적인 시를 창작할 수 있는 것이다. 마음이 깨어나 일어나는 것을 한자로 흥興이라고 한다. 그래서 공자는 "시에서만 영혼이 깨어 일어난다(興於詩)."고 했다. 그리고 시집 3부의 단형시短形詩들은 잠언적 지혜를 보석처럼 예쁘게 다듬어 놓았다. "삶은/ 신이 내려 주신/ 즐거운 놀이터"(「삶」 전문), "장닭이 어둠을 깨치고/ 꼬끼오 꼬끼오 새벽을 노래하니/ 맨드라미가 화들짝 웃었다"(「맨드라미꽃」 전문), "모든 것을 다/ 바다(받아)들인다고 해서/ 이름 하여 〈바다〉"(「바다」 전문) 등이다.

4. 나오며

하나님이 제일 먼저 지으신 생물이 식물이고, 두 번째로 지으신 생물이 동물이다. 그리고 마지막으로 지으신 것이 인간이다. 그런데 식물에겐 하늘만 바라고 살라며, 땅에 뿌리를 박고 서 있게 하셨다. 하늘을 향해 서 있는 것을 세로라 하며 한자로는 종從이라 한다. 그래서 하나님 뜻에 따르기만 하는 것이 식물이다. 그리고 동물에겐 땅만 보며 먹이를 찾아다니라고 가로로 기어 다니게 하셨다. 마지막으로 사람에겐, 영혼은 식물처럼 하늘만 바라고, 육체는 동물처럼 먹이를 찾아 움직이라는 뜻에서 직립동물直立動物이 되게 하셨다.

식물은 하나님의 뜻에 순종만 하기 때문에 생명을 만드는 특권을 주셨다. 그래서 식물은 광합성光合成을 통해 생명이 있는 유기체有機體를 만든다. 이 유기체를 초식동물이 먹고 살며, 육식동물은 초식동물을 잡아먹고 산다. 그리고 인간은 초식과 육식을 다 할 수 있는 잡식동물이다. 어쨌든 식물은 창조적 생물이고, 동물은 소비적 생물이다. 그런데 인간에겐 식물적 요소인 영혼을 주셨으며, 신의 유전자인 이 영혼으로 창조성을 발휘하게 하셨다. 식물이 유기체를 만드는 특권은 그 잎에 있으며, 인간이 창조성을 발휘할 수 있는 특권은 상상력에 있다. 식물은 자연이라 물질적인 생명을 만들지만 인간은 영적인 생명인 예술작품을 만든다. 그래서 예술藝術의 예藝 자는 "사람이 나무를 심는 모습을 상형해 만든 글자"인 것이다. 식물을 본받아 생명을 빚으라는 하나님의 뜻이다.

김소엽金小葉 시인은 작은 잎사귀이다. 그러나 잎의 사명을 다할 때, 꽃도 피우고, 줄기도 만들어 큰 숲을 이루게 된다. 큰 숲에는 싸움이 없다. 사랑과 평화만 있다. 하나님의 숨결인 바람이 불어오면 손에 손을 흔들어 인사하고, 계절 따라 옷을 갈아입으며, 가을의 결실이 풍성해도 자신이 소유하지 않고 다 내어준다. 모든 사람이 다 작은 잎사귀가 되어 하늘만 바라고 광합성을 할 때, 사랑과 평화가 바람 타고 춤추는 큰 숲을 이룰 것이다. 이것이 김소엽 시인의 꿈이라고 나는 생각하며, 이 글을 마친다.

시인 김소엽 金小葉

대전사범, 이화여대 영어영문학과, 연세대 연합신학대학원 졸업
호서대 최고경영자 과정 수료, 미국 미드웨스트대학 명예문학박사학위 받음
현재 호서대 교수 정년퇴임 후 대전대 문창과 석좌교수로 재직 중
한국기독교문화예술총연합회장, 대한민국사랑회 공동대표

1978년 『한국문학』에 「밤」 「방황」으로 등단(서정주, 박재삼 심사)
시집 『그대는 별로 뜨고』
　　 『어느 날의 고백』
　　 『지난날 그리움을 황혼처럼 풀어놓고』
　　 『지금 우리는 사랑에 서툴지만』
　　 『마음속에 뜬 별』
　　 『하나님의 편지』
　　 『사막에서 길을 찾네』
　　 『꽃이 피기 위해서는』
시선집 『그대는 나의 가장 빛나는 별』
영시집 『My Love, My Star』
　　　 『At The Well』
　　　 『In Case You May Drop By』
수필집 『사랑 하나 별이 되어』
　　　 『초록빛 생명』 등
논총집 『김소엽 교수 시 논총집』
기념문집 『김소엽 교수 기념 문집』
수상 한국문학상, 윤동주문학상본상, 이화문학상, 기독교문화대상, 세계선교대상 등
방송경력 극동방송 〈하나 되게 하소서〉 진행
　　　　 KBS 〈밤과 인생 이야기〉 생방송 진행
　　　　 기독교 방송 〈새롭게 하소서〉 진행
　　　　 CTS. TV. 〈나의 사랑하는 책〉 진행
　　　　 현재 CTS TV 〈영상시〉 낭송

꽃이 피기 위해서는

지은이 | 김소엽
펴낸이 | 김재돈
펴낸곳 | 도서출판 시와시학
1판1쇄 | 2012년 10월 28일
출판등록 | 2010년 8월 10일
등록번호 | 제2010-000036호
주소 | 서울 종로구 명륜동1가 42
전화 | 744-0110
FAX | 3672-2674

값 10,000원

ISBN 978-89-94889-38-2 03810

* 저자와의 협의에 의해 인지를 생략합니다.
* 잘못된 책은 바꾸어 드립니다.